- **03** VORWORT Sarah & Gere
- **04** VORWORT
- **06** WARUM PAPAS MUSKELN BRAUCHEN
- **07** WIE PAPAS MUSKELN BEKOMMEN
- **08** ALLES, WAS DU ZUM PAPAFIT-TRAINING BRAUCHST
- **10** EINE STARKE VATER-KIND-BINDUNG
- **12** SAFETY FIRST
- **14** DAS PAPAFIT-TRAINING
- **40** PAPAFIT-WORKOUTS
- **44** ERNÄHRUNG
- **52** DAS PAPAFIT-TEAM

DU BIST JETZT PAPA, HERZLICHEN GLÜCKWUNSCH!

Du wirst jetzt viel Zeit mit deinem Nachwuchs verbringen. Zeit, die du vorher mit Halli Galli oder Sport verbracht hast.

Weil sich ihr Leben verändert, die physische Belastung steigt und die Zeit für Sport knapp wird, nehmen viele Papas zu. Im Schnitt um die 4–5 kg in den ersten Jahren.

PapaFit zeigt dir, wie du die wertvolle Zeit, die du sowieso mit deinem Nachwuchs verbringst, auch zum Workout nutzen kannst.

Mit Hilfe eines Fitnesstrainers, einer Psychologin und einer Hebamme haben wir ein Trainingsprogramm entwickelt, das Spaß macht, deinen Körper trainiert und gleichzeitig die Bindung zu deinem Kind stärkt.

PAPAFIT – VORWORT 05

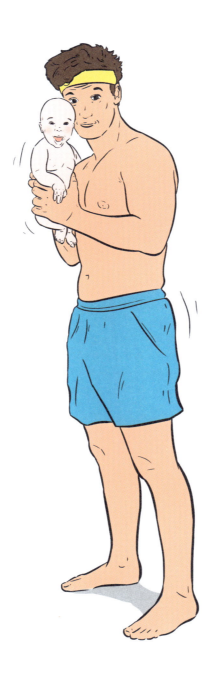

WARUM PAPAS MUSKELN BRAUCHEN

Nach der Geburt ist dein Baby noch federleicht und du kannst es mit lässigem Gesichtsausdruck stundenlang herumtragen. Doch Tag für Tag wird es schwerer, dein Bizeps beginnt zu zucken und dein lässiger Gesichtsausdruck weicht einem angestrengten. Uncool. Du brauchst jetzt Kraft, um cool zu bleiben.

Und dann sind da noch ein paar andere Gründe:

Starke Muskeln fördern deinen Stoffwechsel, verbrennen Fett und erzeugen Energie. Sie wärmen deinen Körper, unterstützen deine Gehirnfunktion und fördern dein Denken. Starke Muskeln stärken deine Immunabwehr und schützen deine inneren Organe. Sport und der damit verbundene Muskelaufbau machen dich ausgeglichener und glücklicher. Und vielleicht auch deine Frau ;)

WIE PAPAS MUSKELN BEKOMMEN

Um den größten Trainingseffekt im Muskelaufbau zu erzielen und kein Verletzungsrisiko einzugehen, kommt es auf eine saubere, konzentrierte und bewusste Ausführung an.

Du solltest bei jeder Übung an dein Leistungslimit gehen. Und wenn es schmerzt, so es dein Kind zulässt, noch einen drauflegen. Das reizt deinen Muskel, macht ihn wütend und er wächst.

Außerdem solltest du dich abwechslungsreich ernähren und deinem Körper zwischen den Trainingseinheiten ausreichend Zeit geben, damit sich deine Muskeln erholen können. Denn wie auch dein Kind brauchen sie Schlaf, um wachsen zu können.

ALLES, WAS DU ZUM PAPAFIT TRAINING BRAUCHST:

EIN TRAININGSGERÄT, DAS MITWÄCHST UND GLÜCKLICH MACHT.

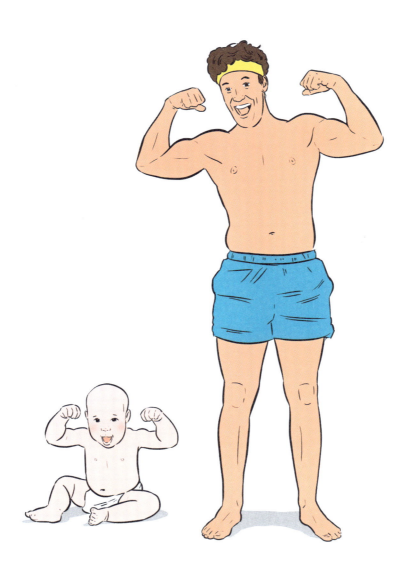

EINE STARKE VATER-KIND-BINDUNG IST TRAININGSSACHE

Bindung ist ein unsichtbares Band, das zwei Menschen miteinander verknüpft. Eine besonders starke Prägung des Bindungsverhaltens findet in den ersten zwei Lebensjahren statt. PapaFit Training hilft spielerisch dabei, dieses unsichtbare Band zwischen Vater und Kind zu knüpfen, indem Papas viel Zeit mit ihrem Nachwuchs verbringen.

Babys und Kleinkinder, die von Anfang an auf die Verbundenheit, Nähe, Sicherheit und Fürsorge der Eltern bauen können, entwickeln für ihr späteres Leben ein Urvertrauen, das sie gesünder, sozialer, stressresistenter und glücklicher macht, so die Wissenschaft.

Aber nicht nur den Kleinen tut die wertvolle gemeinsame Zeit gut. Die körperliche und emotionale Nähe stärkt auch den Papa. Denn stabile Beziehungen zwischen Menschen sind die Basis für Lebensfreude und Sicherheit. Is so.

Eins, zwei, drei: Oberkörper frei!
Während des PapaFit Trainings sollten Papa und Kind mit freiem Oberkörper trainieren. Das sieht gut aus und fühlt sich noch besser an. Haut auf Haut schafft Vertrauen und Geborgenheit. Außerdem sorgen die Vibration des Körpers und die Stimme des Papas dafür, dass sich das Kind auf der Brust des Vaters sicher und geborgen fühlt.

Weitere hoffentlich interessante Hinweise zum Thema Bindung findet ihr bei den jeweiligen Übungen.

PAPAFIT – EINE STARKE VATER-KIND-BINDUNG   **11**

SAFETY FIRST!

Auch wenn Papas, wie allgemein bekannt, generell keine Anleitungen brauchen, muss hier mal eine Ausnahme gemacht werden.

Einige PapaFit-Übungen dürfen erst in fortgeschrittenem Alter des Kindes durchgeführt werden, da die Kleinen erst dann stabil genug sind, um eigenständig ihre Körper stützen zu können.

Sollte bei einer Übung irgendetwas unklar sein oder sich falsch anfühlen, verzichte bitte vorerst auf die Ausführung und befrage einen Facharzt dazu.

Grundsätzlich liegt es auf der Hand, dass Neugeborene und Kinder weder ruckhafte noch schnelle Bewegungen mögen. Gehe also immer behutsam vor, zumal dein Kind noch keine Kontrolle über seinen Körper hat.

Erfahrungsgemäß macht das PapaFit-Training den Kleinen viel Spaß. Sollte das Kind jedoch gegenteilige Anzeichen zeigen, solltest du das Training sofort beenden und auf einen späteren Zeitpunkt verlegen.

PAPAFIT – SAFETY FIRST! 13

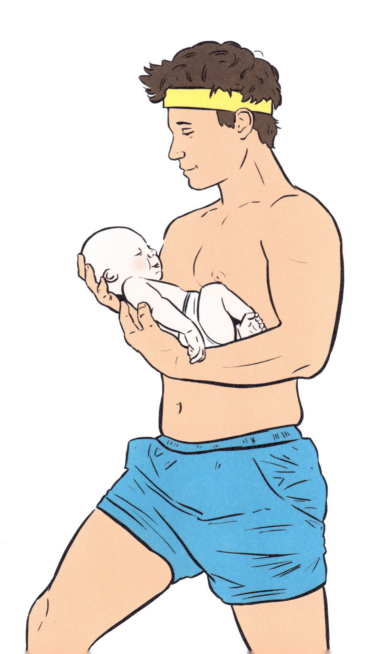

14 PAPAFIT – DAS TRAINING

DAS TRAINING

01 DIE ÜBUNG
PRUSTI-PUSH-UP
↻ 3 SÄTZE À 9-12 WDH.

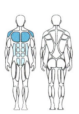

Prusti-Push-Ups, von Kinderlosen oft Liegestütze genannt, stärken vor allem deine Brust, Schultern, Trizeps und die Lachmuskeln deines Babys!

ANLEITUNG:

Lege dein Kind vor dich auf den Rücken und beuge dich, die Hände schulterbreit, darüber. Lasse dich so weit sinken, bis du deinem Baby auf den Bauchspeck prusten kannst. Drücke dich anschließend wieder hoch und wiederhole die Übung so oft, bis einer von euch nicht mehr kann.

SAFETY FIRST

Auch wenn dein Nachwuchs dich mit seinem Lachen antreibt, achte immer darauf, dass du nicht erschöpft über ihm zusammenklappst.

Wenn die Kraft nachlässt, kannst du auch von den Füßen auf die Knie wechseln, sieht ja keiner, und so noch ein paar Prustis drauflegen.

 BINDUNG

Dein Kind wird die Übung lieben. Es prägt sich dein Gesicht ein und merkt sich, wer es zum Lachen bringt.

So steigt eure Vorfreude auf das nächste Training und die gemeinsame Zeit schweißt euch zusammen.

PAPAFIT – DIE ÜBUNG PRUSTI-PUSH-UP 17

02 DIE ÜBUNG
WELTMEISTER
↻ 3 SÄTZE À 9–12 WDH.

Diese Übung trainiert deinen Po, die Oberschenkel und vor allem deine Schultern, was natürlich gut aussieht.

ANLEITUNG:

Nimm einen stabilen Stand ein. Halte dein Baby mit dem Gesicht zu dir vor deine Hüfte. Hebe es mit leicht gebeugten Armen, ohne mit dem Körper zu pendeln, auf Augenhöhe, gib ihm einen Kuss auf die Stirn und recke deinen Pokal in den Nachthimmel!
Senke dein Kind anschließend behutsam bis vor die Hüfte ab. Wiederhole die Übung bis zum nächsten Titelgewinn oder bis du nicht mehr kannst.

 ### SAFETY FIRST

 ### BINDUNG

Bei dieser Übung ist dringend darauf zu achten, dass dein Kind bereits eigenständig geradeaus schauen und seinen Kopf alleine halten kann. Deshalb diese Übung erst nach ca. 6 Monaten trainieren.

Dein Kind spürt, dass es dir vertrauen kann, da oben in luftiger Höhe. Sein Urvertrauen wächst und die Basis für den Weltmeistertitelgewinn ist geschaffen.

PAPAFIT – DIE ÜBUNG WELTMEISTER **19**

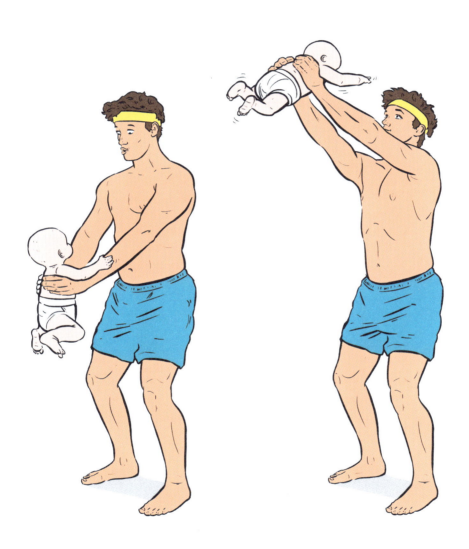

03 DIE ÜBUNG
FLUGI-PRESS
↻ 3 SÄTZE À 9–12 WDH.

Diese Übung trainiert 'ne breite Brust, gute Schultern und definierte Trizeps.

ANLEITUNG:
Leg dich auf den Rücken, dein Kind auf deine Brust und stell die Füße fest auf den Boden. Lass deinen Nachwuchs jetzt langsam in die Höhe steigen, bis deine Arme ganz gestreckt sind. Halte es ein paar Sekunden und lande es wieder sicher auf deiner Brust. Wiederhole die Übung, bis einer von euch nicht mehr kann.

 SAFETY FIRST

 **BINDUNG**

Halte dein Baby mit festem Griff unter den Armen und achte darauf, dass du die Übung langsam durchführst.

Dein Kind muss ein Alter von ca. 6 Monaten überschritten haben, damit es den Hals selbständig halten kann.

Dein Kind lernt, dass es im Leben wenig zu fürchten gibt, wenn man sich aufeinander verlassen kann.

PAPAFIT – DIE ÜBUNG FLUGI-PRESS   **21**

04 DIE ÜBUNG
BABY–ZEPS
3 SÄTZE À 9–12 WDH.

Baby-Zeps machen einen guten Oberarm. Diesen brauchst du nicht nur, um besser im T-Shirt auszusehen. Er erleichtert dir auch das Herumtragen deines Monat für Monat schwerer werdenden Kindes.

ANLEITUNG:
Deine Beine suchen einen schulterbreiten Stand mit geradem Rücken und leicht gebeugten Knien. Greif deinem Baby unter die Arme, so dass du es sicher in den Händen hältst. Hebe und senke es nun langsam. Achte bei Herablassen darauf, die Arme nicht vollständig auszustrecken.

SAFETY FIRST

Wie bei allen PapaFit-Hebeübungen ist es wichtig, dass du dein Kind sicher im Griff hast und die Übung langsam und behutsam ausführst. Ab dem 6. Monat ist dein Kind bereit für diese Übung. Dann sollte es seinen Kopf von alleine stabil halten können.

 BINDUNG

Bei dieser Übung fällt unserer Psychologin und dem Autor jetzt ad hoc nichts ein.

Ideen? Schreibt uns auf Facebook. Wir bauen sie in die nächste Auflage mit ein, wenn's passt.

PAPAFIT – DIE ÜBUNG BABY-ZEPS **23**

05 DIE ÜBUNG
KUCK KUCK-CRUNCH
↻ 3 SÄTZE À 9–12 WDH.

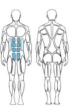

Diese Übung trainiert deine Bauchmuskulatur und schon wieder die Lachmüskelchen deines Nachwuchses.

ANLEITUNG:
Du liegst auf dem Rücken, dein Kind auf deiner Brust. Beine angewinkelt und Füße im festen, hüftbreiten Stand. Hebe deinen Kopf zur Brust und die Beine an, halte diese Position und senke Kopf und Beine anschließend wieder. Wiederhole den „Kuck kuck" bis deine Bauchmuskeln erschöpft zittern.

 ## SAFETY FIRST

 ## BINDUNG

Halte deinen Nachwuchs gut fest, damit er nicht von deiner Brust krabbelt und unbeaufsichtigt Randale macht.

Dein Kind sollte älter als drei Monate sein, um sich abstützen zu können.

Die Übung sollte von euch beiden oben ohne, von Haut zu Haut trainiert werden.

Durch die Körpernähe, die Berührungen von Haut zu Haut und die Vibration deines Brustkorbes bekommt dein Baby ein sicheres Gefühl der Geborgenheit.

PAPAFIT – DIE ÜBUNG KUCK KUCK-CRUNCH **25**

06 DIE ÜBUNG
PAPA-PLANK
↻ 3 SÄTZE BIS ZUR ERSCHÖPFUNG

Diese Übung stärkt deine Rumpf-, Rücken- und Bauchmuskulatur und die Geduld deines Kindes. Außerdem findest du heraus, wer von euch beiden cooler ist und später blinzelt.

ANLEITUNG:
Lege dein Baby auf den Rücken. Stütze dich auf deine Ellbogen. Achte darauf, dass deine Füße im hüftbreiten Abstand sicher stehen und dass dein Körper vom Kopf, angespannt bis zu den Fersen, eine gerade Linie bildet. Halte diese Position und den coolen Blick und atme dabei immer gleichmäßig weiter. Auch wenn es zeckt, der Anblick deines Süßis wird deinen Schmerz wie immer lindern.

 ### SAFETY FIRST

Auch hier gilt es, deine Kraft richtig einzusetzen, um nicht auf deinem Kind zusammenzusacken. Nach sechs Wochen kann dein Kind dich bewusst wahrnehmen.

 ### BINDUNG

Dein Baby lernt, auch mal mit dir zu schweigen und dass im Leben nicht immer Alarm ist.

In den ersten zwei Lebensjahren können wir maßgeblichen Einfluss auf die Entwicklung der Emotionswelt unserer Kinder nehmen. Es trainiert Gesichtsausdrücke und lernt sie zu lesen, was später helfen könnte den Säbelzahntiger im Großstadtdschungel zu erkennen.

PAPAFIT – DIE ÜBUNG PAPA-PLANK 27

07 DIE ÜBUNG
SUPERPAPA
↻ 3 SÄTZE À 9-12 WDH.

Superpapa verleiht deinem Rücken, deinem Popo und deinen Beinbeugern Superkräfte, die deinen Körper aufrichten und die Bandscheiben entlasten.

ANLEITUNG:
Lege dich flach auf den Bauch. Arme und Beine sind lang nach vorne bzw. hinten ausgestreckt. Fass dein Kind an den Händen. Hebe nun langsam die Arme deines Kindes und deine Beine an. Der Bewegungsradius ist dabei sehr gering, versuche die obere Position zu halten, auch wenn es zittert und beißt. Superpapa gibt's nicht für lau.

SAFETY FIRST
Nach acht bis zehn Monaten kommt dein Baby ins Sitzalter. Vorher kann es die Übung nur im Liegen machen.

BINDUNG
Denkt dein Baby, dass es Superkräfte hat, weil es dich hochheben kann? Wenn ja, schadet es sicher nicht bei der Entwicklung seines Selbstbewusstseins.

PAPAFIT – DIE ÜBUNG SUPERPAPA 29

08 DIE ÜBUNG
BABY-BRÜCKE
↻ 3 SÄTZE À 9–12 WDH.

Die Baby-Brücke stärkt deinen gesamten Rücken, damit du dein Kind anmutiger durch den Park oder nachts durch die Küche tragen kannst.

ANLEITUNG:
Du liegst auf dem Rücken. Stell deine Füße hüftbreit auf. Lege deinen Kind auf die nackte Brust. Nun kipp das Becken und beginne den Rücken Wirbel für Wirbel nach oben aufzurollen. Am höchsten Punkt bilden Oberschenkel und Rücken eine Linie. Nur noch der Nacken liegt auf. Von da aus rollst du nun Wirbel für Wirbel wieder ab.

 ## SAFETY FIRST

Achte darauf, dein Kind im sicheren Griff zu halten. Absolviere die Übung langsam und behutsam, sodass es sich sicher und gut anfühlt.

 ## BINDUNG

Babyhaut auf Männerhaut tut euch beiden gut. Das Bindungshormon Oxytocin wird ausgeschüttet und stärkt eure Bindung.

Je mehr du mit deinem Kind trainierst, desto fester wird eure Bindung.

PAPAFIT – DIE ÜBUNG BABY-BRÜCKE   31

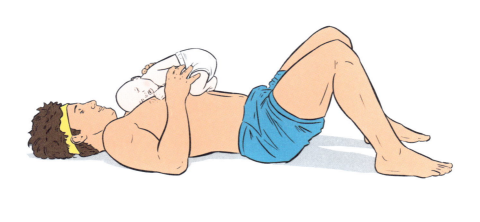

09 DIE ÜBUNG
PAPA-SIT
↻ 3 SÄTZE BIS ZUR ERSCHÖPFUNG

 Papa-Sit stärkt deine Oberschenkel, deinen Arsch, deinen Rumpf und sieht witzig aus. Die Übung lässt sich auch gut nachts in der Küche durchführen und beruhigt euch beide.

ANLEITUNG:
Halte dein Kind im Arm und lehne dich mit dem Rücken an die Wand. Jetzt gehst du so weit in die Knie, bis Ober- und Unterschenkel einen rechten Winkel bilden. Halte diese Position und dein Kind ruhig und sicher, so lange du kannst.

⚠ SAFETY FIRST

Achte darauf, dein Baby sicher zu stützen und dass du dein Baby beim Lösen der Position gut festhältst.

💙 BINDUNG

Auch hier gilt, wie bei allen PapaFit-Übungen: eins, zwei, drei – Oberkörper frei.

Ein besonders starke Prägung des Bindungsverhaltens entwickelt sich zudem, wenn Papas Stimme auf nackter Brust Geborgenheit verbreitet. Deshalb ist Zählen oder Singen durchaus eine gute Idee. Zumal dein Nachwuchs jetzt noch nicht zwischen „guter Sänger" und „okayer Sänger" unterscheiden kann.

PAPAFIT – DIE ÜBUNG PAPA-SIT **33**

⑩ DIE ÜBUNG
PAPA-SQUAT
↻ 3 SÄTZE À 9–12 WDH.

Diese Übung formt vor allem deinen Popo und deine Oberschenkel. Und Mama so: „Hui!"

ANLEITUNG:

Halte dein Kind mit ausgestreckten Armen und sicherem Griff vor deine Brust. Die Füße hüftbreit aufgestellt, die Fußspitzen leicht nach außen gedreht. Durch Anspannen der Bauch- und Gesäßmuskeln wird der Oberkörper stabilisiert und ein Hohlkreuz vermieden. Gehe langsam in die Hocke. Über die Fersen den Körper nun wieder kontrolliert nach oben drücken, bis die Knie fast gestreckt sind. Während des Hochdrückens ausatmen.

 ### SAFETY FIRST

Achte darauf, deinen Nachwuchs im festen Griff zu halten.

Diese Übung sollte nicht vor dem 6. Monat begonnen werden, da dein Kind bis dahin noch über zu wenig Stabilität im Hals und Nacken verfügt.

 ### BINDUNG

Dein Kind prägt sich dein Gesicht ein. Ein Gesicht, auf das es sich verlassen kann und das Urvertrauen stärkt, um später sicher durchs Leben zu gehen – oder zu fliegen.

PAPAFIT – DIE ÜBUNG PAPA-SQUAT **35**

DIE ÜBUNG
STEP BY STEP, UH BABY
3 SÄTZE À 10 WDH. PRO BEIN

Große Schritte zu machen, formt nicht nur Oberschenkel und Po, sondern sieht auch beim Spazierengehen im Park heroisch aus.

ANLEITUNG:
Steh aufrecht, die Füße nah beieinander, die Zehenspitzen nach vorne gerichtet, in deinem Arm, heldenhaft und sicher, liegt dein Kind. Setze einen Fuß behutsam etwas weiter als Schrittlänge nach vorne, beuge kontrolliert deine Beine, bis sie jeweils etwa zu 90 Grad angewinkelt sind.
Der Oberkörper ist dabei gerade, dein hinteres Knie berührt nun fast den Boden. Wieder in die Ausgangsposition zurück und mit dem anderen Bein wiederholen, am besten so langsam, dass dein Baby in den Schlaf gewogen wird.

 ### SAFETY FIRST

Achte darauf, deinen Nachwuchs im festen Griff zu halten und dass du zu jederzeit sicher und stabil stehst.

 ### BINDUNG

Dein Kind liegt sicher in deinen Händen, warm an deiner Brust.

Es lernt, wie schön es sich anfühlt, sicher auf Händen getragen zu werden, und dass Papa das kann.

PAPAFIT – DIE ÜBUNG STEP BY STEP, UH BABY 37

12 DIE ÜBUNG
ENTDECKER
↻ 1–3X PRO WOCHE RAUS

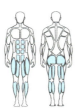

Joggen macht den Kopf klar, auch bei Regen! Frag dein Kind! Es hat noch nicht gelernt über schlechtes Wetter zu motzen.

Beim Laufen lösen sich Probleme, Papas werden entspannter. Du trainierst deine Ausdauer und dein Nervenkostüm. Du bleibst einfach länger cool, auch wenn ein gellender Kinderschrei die Nachtruhe zerreißt.

ANLEITUNG:
Fange locker an zu laufen, gehe ein Stück und laufe wieder. Wenn du merkst, dass es dir leichter fällt, lasse das Gehen mehr und mehr aus. Vergiss, dass du läufst. Denke an etwas anderes. Einmal die Woche ist ein Anfang. Zweimal die Woche bringt wertvolle Kondition, die dir auch beim Kinderwagen-die-Treppe-Hochtragen hilft.

 ## SAFETY FIRST

Achte auf den Verkehr, darauf dass dein Kind warm und trocken sitzt und das es viel sieht von der Welt.

 ## BINDUNG

Papa zeigt mir die Welt. Mama hat mal Zeit für sich.

Auch das kann Bindungen stärken ;)

PAPAFIT – DIE ÜBUNG ENTDECKER

DAS WORKOUT
LAZY BABY
↻ BIS ZU 4 RUNDEN

Hat dein Kind grad keinen Bock auf Action, kannst du es mit folgenden, eher passiven Übungen beschäftigen und gleichzeitig deinen ganzen Körper trainieren.

ANLEITUNG:
Absolviere die Übungen 1, 2, 3 und 4 so sauber wie möglich nacheinander und wiederhole den Satz anschließend, bis du müde bist.

Bitte lies vor Ausführung des Workouts die detaillierten Hinweise und Beschreibungen zu den einzelnen Übungen, auch wenn du keinen Bock drauf hast. Lohnt.

PAPAFIT – DAS WORKOUT LAZY BABY

01 PRUSTI-PUSH-UP

02 SUPERPAPA

03 KUCK KUCK-CRUNCH

04 PAPA-SIT

DAS WORKOUT
ACTION BABY
↻ BIS ZU 4 RUNDEN

Wenn dein Kind bereits bei der Geburt in den Topf mit Zaubertrank gefallen ist oder du merkst, dass es gerade heute viel Aufmerksamkeit braucht, kannst du es mit dem PapaFit Action Baby Workout richtig schön müde spielen, so dass ihr vielleicht heute Nacht beide durchschlafen könnt.

ANLEITUNG:
Absolviere die Übungen 1, 2, 3 und 4 so sauber wie möglich nacheinander und wiederhole den Satz anschließend, bis du müde bist.

Bitte lies auch hier vor Ausführung des Workouts die detaillierten Hinweise und Beschreibungen zu den einzelnen Übungen, auch wenn du als Vater und Mann eigentlich keine Anleitungen brauchst.

PAPAFIT – DAS WORKOUT ACTION BABY

01 WELTMEISTER

02 PAPA-SQUAT

03 BABY-ZEPS

04 FLUGI-PRESS

ERNÄHRUNG
PAPAS ESSEN

PapaFit ist kein Buch über Ernährung. Dafür ist das Thema zu komplex und jeder Papa isst anders.

Aber Väter, die mehr Power im Alltag wollen und eine weiche Babyplauze lieber ihrem Nachwuchs überlassen, sollten ein paar einfache Grundregeln zum Thema Ernährung befolgen.

Denn egal ob Fleischesser, Vegetarier, Veganer oder Frutarier: Wer sich zu viele Kalorien reinhaut und diese nicht verbraucht, legt sich automatisch die gleichen Speckröllchen wie sein Nachwuchs zu.

Deshalb liefert dieses kurze Kapitel hungrigen Papas, die sich bisher eher weniger mit dem Thema Ernährung beschäftigt haben, ein paar kompakte Infos, die dabei helfen können, bewusster zu essen.

PAPAFIT – ERNÄHRUNG **45**

ERNÄHRUNG
WENIGER STRESS – MEHR KRAFT

Wie jeder weiß, nimmt eine ausgewogene Ernährung positiven Einfluss auf Geist und Körper. Gutes, gesundes Essen entspannt und steigert unser Wohlbefinden. Es hilft dem Körper zu regenerieren und starke Muskeln aufzubauen, die einen letztlich Babys lässiger tragen lassen.

Papas, die einen Lebensmittelmix aus frischem Gemüse, Obst, Reis, Nüssen, Fisch, Fleisch und Milchprodukten (ggf. je nach Fasson vegetarische oder vegane Lebensmittel) zu sich nehmen, versorgen sich mit allem, was sie brauchen.

WAS UNS LEBENSMITTEL GEBEN

Neben Nährstoffen wie Vitaminen, Mineralstoffen, Spurenelementen und wichtigen Ballaststoffen, die beispielsweise dafür sorgen, dass der wundersame Darm seine Arbeit verrichtet, nehmen wir über unser Essen noch weitere essentielle Makronährstoffe auf.

Eiweiße. Sie sättigen uns, bauen unsere Muskeln auf und lassen diese bei regelmäßigem Training wachsen. Würden wir weniger Eiweiß aufnehmen, als unser Körper benötigt, würde er diese aus unseren vorhandenen Muskeln abziehen und diese würden schrumpfen.

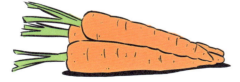

Kohlenhydrate. Sie geben uns die nötige Energie, die Power, die wir im Alltag brauchen, um unsere Kleinen zu tragen und auch den dritten Satz der PapaFit-Kuck-Kuck-Crunches zu schaffen.

Fette. Sie regeln den Blutdruck, wirken entzündungshemmend und sind wichtig, um Vitamine aufnehmen zu können. Fette sorgen dafür, dass uns schön warm ist und das Essen schmeckt. Außerdem hat Fett viel Energie. Ein Gramm liefert beispielsweise mehr als doppelt so viel Energie wie die gleiche Menge Eiweiß oder Kohlenhydrate!

BABYPLAUZE DEN BABYS!

Nehmen Papas mehr Kalorien zu sich, als sie verbrauchen, speichert ihr Körper diese als Fettreserven. Essen Papas die Menge an Kalorien, die sie verbrauchen, nehmen sie nicht zu. Klar, das weiß jeder, aber manchmal ist es gut, dies noch mal zu lesen.

Ein 80 Kilo schwerer Papa, der täglich 8 Stunden im Büro sitzt, verbraucht ca. 2000–2500 Kalorien. Ein Vater, der als Landschaftsgärtner oder Kellner viel in Bewegung ist, verbrennt täglich eher um die 3000–3500 Kalorien.

Einen Überblick, wie viele Kalorien in welchen Lebensmitteln stecken, findest du auf den folgenden Seiten. Du musst sie nur noch zusammenrechnen und bekommst einen Überblick über deine Kalorienbilanz am Tag.

Guten.

EIWEISSREICHE LEBENSMITTEL, DIE PAPAS MUSKELN FÜTTERN
KALORIENMENGE PRO PORTION

LACHS
Eine Portion (200 g)
= 376 kcal

RINDFLEISCH
Eine Portion (200 g)
= 214 kcal

PUTENBRUST
Eine Portion (200 g)
= 266 kcal

QUARK
200 g Becher
= 216 kcal

EIER
Ein Ei (M, ca. 58 g)
= 88 kcal

HÜTTENKÄSE
200 g Becher
= 186 kcal

CHAMPIGNONS
Ein gr. Champignon
= 4 kcal

SOJABOHNEN
100 g
= 446 kcal

KOHLENHYDRATREICHE LEBENSMITTEL, DIE PAPA MIT ENERGIE VERSORGEN
KALORIENMENGE PRO PORTION

REIS
Eine Portion (60 g)
= 187 kcal

HAFERFLOCKEN
Eine Portion (40 g)
= 133 kcal

MAIS
Maiskolben (ca. 150 g)
= 129 kcal

KARTOFFELN
Eine große Kartoffel (ca. 90 g)
= 66 kcal

„GUTE" FETTE, DIE PAPAS ENERGIE LIEFERN UND HELFEN WICHTIGE VITAMINE AUFZUNEHMEN

KALORIENMENGE PRO PORTION

AVOCADO
Mittelgroße Avocado
= 365 kcal

ERDNÜSSE
Eine Handvoll (ca. 25 g)
= 145 kcal

MANDELN
Eine Handvoll (ca. 25 g)
= 153 kcal

BALLASTSTOFFREICHE LEBENSMITTEL – GUT FÜR DIE VERDAUUNG

KALORIENMENGE PRO PORTION

SPINAT
Eine Portion (250 g)
= 68 kcal

KAROTTEN
Eine Möhre (ca. 80 g)
= 25 kcal

BROCCOLI
Ein Broccoli (ca. 350 g)
= 119 kcal

WIE VIELE KALORIEN IN WELCHEN GETRÄNKEN STECKEN
KALORIENMENGE PRO PORTION

MILCH
Glas (0,2 l) = 182 kcal

COLA
Glas (0,2 l) = 96 kcal

CAPPUCCINO
Tasse = 50 kcal

WASSER
0 kcal

BIER
Glas (0,2 l) = 95 kcal

DAS PAPAFIT-TEAM

CHRISTIAN ROSENBROCK
FITNESSTRAINER

Christian macht seit vielen Jahren seine Kunden fit, hat sein Wissen in diesem Buch weitergegeben und als Vorlage für unseren Illustrator geglänzt.

LISA BROCKMANN
HEBAMME

Lisa weiß, wie Papas ihre Babys sicher halten, weil sie bereits 250 Familien dabei geholfen hat, eines zur Welt zu bringen, und seit Jahren Mamas und Papas nach der Geburt berät und betreut.

CLARA RÖDIG
PSYCHOTHERAPEUTIN

Clara hat 10 Jahre lang die Psyche der Menschen studiert und arbeitet mit Kindern und Jugendlichen. Sie hat mit ihrem Wissen zum Thema Vater-Kind-Beziehung dieses Buch bereichert.

PAPAFIT – DAS PAPAFIT-TEAM

VAN DATA
STUDIO FOR ILLUSTRATION AND DESIGN

Michael, alias Van Data, hat das Buch mit seinen Illustrationen möglich gemacht. *www.vandata.de*

FELIX SCHULZ
AUTOR

Felix, zum Zeitpunkt dieser Veröffentlichung selbst noch kein Vater und noch mit ausreichend Zeit und Schlaf versorgt, hat das Wissen der Wissenden und die Erfahrungen befreundeter Papas in PapaFit zusammengefasst.

Auf die Idee kam Felix, als ihm ein Freund erzählte, dass er, seitdem er Vater sei, keine Zeit mehr für Sport habe und langsam zulege.

Ein Jahr später überreichte ihm Felix dieses Buch.

KONTAKT

Du hast Ideen oder Anregungen, um das Training oder Inhalte des Buches zu verbessern? Was sind deine Erfahrungen mit PapaFit?

Gib uns dein Feedback und wir werden es ggf. in die nächste Auflage mit einarbeiten.
> **Facebook/PapaFit**
> **hallo@papa-fit.com**
> **www.papa-fit.com**

IMPRESSUM

Urheberrechtsschutz:
Dieses Werk einschließlich aller Inhalte ist urheberrechtlich geschützt. Alle Rechte vorbehalten. Nachdruck oder Reproduktion (auch auszugsweise) in irgendeiner Form (Druck, Fotokopie, digital oder anderes Verfahren) sowie die Einspeicherung, Verarbeitung, Vervielfältigung und Verbreitung mit Hilfe elektronischer Systeme jeglicher Art, gesamt oder auszugsweise, sind ohne ausdrückliche schriftliche Genehmigung des Verlages untersagt. Alle Übersetzungsrechte vorbehalten.
© Labamba Books, Felix Schulz Verlag, Hamburg

2. Auflage 2017
Druck, Bindung und Verarbeitung:
Druckerei Schulz + Co GmbH,
Mühlenkamp 6c, D-22303 Hamburg
Autor, Herausgeber, Redaktion, Satz, Gestaltung
(inkl. Umschlaggestaltung), Texte, Bilder, Titelbild:
Labamba Books, Felix Schulz

Illustration: Van Data - Studio for illustration and design
Cover Design: Julia Günak / Wascooles
Grafik Design: David Fischer
Printed and bounded in Germany 2017
ISBN 9783000527302

Hinweis:

Die Benutzung dieses Buches und die Umsetzung der darin enthaltenen Informationen erfolgen ausdrücklich auf eigenes Risiko. Der Verlag und auch der Autor können für etwaige Unfälle und Schäden jeder Art, die sich beim Ausführen der beschriebenen Übungen ergeben, aus keinem Rechtsgrund eine Haftung übernehmen. Haftungsansprüche gegen den Verlag und den Autor für Schäden materieller oder ideeller Art, die durch die Nutzung oder Nichtnutzung der Informationen bzw. durch die Nutzung fehlerhafter und/oder unvollständiger Informationen verursacht wurden, sind grundsätzlich ausgeschlossen. Rechts- und Schadenersatzansprüche sind daher ausgeschlossen. Das Werk inklusive aller Inhalte wurde unter größter Sorgfalt erarbeitet. Der Verlag und der Autor übernehmen jedoch keine Gewähr für die Aktualität, Korrektheit, Vollständigkeit und Qualität der bereitgestellten Informationen. Druckfehler und Falschinformationen können nicht vollständig ausgeschlossen werden. Der Verlag und auch der Autor übernehmen keine Haftung für die Aktualität, Richtigkeit und Vollständigkeit der Inhalte des Buches, ebenso keine Haftung für Druckfehler. Es kann keine juristische Verantwortung sowie Haftung in irgendeiner Form für fehlerhafte Angaben und daraus entstandenen Folgen vom Verlag bzw. Autor übernommen werden. Für die Inhalte von den in diesem Buch abgedruckten Internetseiten sind ausschließlich die Betreiber der jeweiligen Internetseiten verantwortlich. Der Verlag und der Autor haben keinen Einfluss auf Gestaltung und Inhalte fremder Internetseiten. Verlag und Autor distanzieren sich daher von allen fremden Inhalten. Zum Zeitpunkt der Verwendung waren keine illegalen Inhalte auf den Webseiten vorhanden.